L7K
438

Réunion-Arlésienne.

BANQUET

Donné par les Arlésiens résidant à Paris,

à M. le Baron de Chartrouse,

Maire d'Arles.

COMMISSAIRES :

MM. Bourret, De Truchet, Beuf.

PROCÈS-VERBAL.

L'an mil huit cent vingt-cinq, le 9 mai, à quatre heures après midi, les ARLÉSIENS, tant *civils* que *militaires*, résidant à Paris, se sont réunis, au nombre de trente, rue de Rohan, chez M^r. *Dalmas*, restaurateur provençal, chargé du BANQUET destiné à fêter M^r. MEIFFREN LAUGIER, Baron de CHARTROUSE, *Maire de la ville d'Arles.*

ORDRE DE LA TABLE.

Tous les convives rassemblés dans la salle du Banquet, chacun prend place selon l'indication déterminée par des *Cartes* gravées en taille-douce, portant le Lion au milieu d'une couronne de fleurs*, avec cette inscription, AB IRA LEONIS, supporté par un cercle parfait dans lequel se trouvait inscrit le nom de chaque membre ; la Table décrivait un fer à cheval, et l'ordre que nous allons donner à la liste nominative présentera le tableau symétrique de sa composition.

La Table offrait un coup d'œil charmant. On remarquait la joie la plus vive peinte sur toutes les figures, et le désir le plus ardent de posséder le vigilant BERGER qui se disposait à aller veiller à la garde du troupeau Arlésien.

Messieurs les Commissaires allaient se rendre dans un petit salon pour y recevoir, haranguer M^r. le MAIRE, et l'introduire dans la salle du Banquet, lorsque M^r. le Baron de CHARTROUSE, accompagné de ses fils, se présentèrent tout-à-coup au milieu du sanctuaire de la fraternité, où leurs salutations et leurs douces paroles se perdirent dans les plus vives acclamations de :

VIVE LE MAIRE D'ARLES !

L'ordre se rétablit et chacun occupe sa place.

* Le rédacteur du procès-verbal pense que, par cette couronne de fleurs qui entoure le lion, on a voulu faire allusion à la prospérité dont jouira la ville d'Arles sous l'administration de M. le Baron de Chartrouse.

DISTRIBUTION DES PLACES.

M. le Baron de Chartrouse,
Maire de la ville d'Arles.

MM.
- BOURRET aîné, doyen d'âge.
- LEGRAND ✴✴, lieutenant de Roi, en retraite.
- BEUF, ch. de l'o. de S.-J. de J.
- DE CHARTROUSE fils aîné.
- RAIBAUD, conseiller à la Cour royale d'Aix.
- FOUQUE, professeur de l'Université.
- ROMAN, garde-du-corps du Roi.
- DE TRUCHET fils.
- COURT, fils cadet.
- DURET, caporal dans la garde royale.
- DAVID fils.
- LAMBERT (Monges).
- MILLE aîné.
- PELOUX, garde-royal.
- BURLE, caporal dans la garde royale.

MM.
- DE TRUCHET père.
- BRISSON ✴, capitaine de vétérans sédentaires
- J.-M. VERAN, graveur.
- DE CHARTROUSE cadet.
- CLAIR, avocat au Barreau de Paris.
- BALZE.
- » »
- CARRIÉ, sergent-major dans la garde-royale
- LAMANON (Baptiste).
- CARRIÉ (Tonin).
- SAMMAISON, sergent dans le 35e. de ligne.
- COURT, fils aîné.
- GARCIN.
- ROUX aîné.
- LACHET, garde-royal.
- RAYNAUD, garde-royal.
- ROUX cad., garde-royal.

Ici M. le Doyen d'âge, et par cette distinction respectable Président de la Réunion-Arlésienne, s'est levé et a dit :

« Messieurs, je viens vous donner lecture de la lettre
» que notre honorable compatriote, Mr. le comte de LÉAU-
» TAUD, chevalier des ordres royaux de Saint-Louis et de la

» Légion-d'Honneur, Maréchal de Camp, Lieutenant-Com-
» mandant des Gardes-du-Corps du ROI, a daigné adresser
» aux Commissaires de votre Réunion, elle est ainsi conçue :

Paris, 7 mai 1825.

« Tout ce qui me rapproche de mes concitoyens m'est trop agréable,
» pour que je ne sois pas reconnaissant de l'offre de MM. les commis-
» saires, de me trouver à une réunion qui a un but si flatteur pour
» tous les Arlésiens.

» C'est avec le plus vif regret que je me vois privé d'une chose qui
» m'eût fait le plus grand plaisir. Si j'avais connu plus tôt la fête que
» l'on se propose de donner à notre Maire, j'aurai sûrement tout dis-
» posé pour y assister. Maintenant notre départ pour Rheims demande
» nos soins, et malheureusement j'ai indiqué une revue pour diman-
» che prochain, j'en ressens une vive peine et je prie mes concitoyens
» d'en recevoir mes excuses, en les assurant que si je ne puis être
» parmi eux, mes vœux et mon souvenir les suivront partout. »

Comte de LÉAUTAUD.

Cette lecture, écoutée avec silence, a porté sur tous les cœurs l'effet qu'elle devait produire.

Ici M^r. Garcin demande la parole et s'exprime ainsi :

Messieurs et honorables compatriotes,

Semblable à l'éclair qui sort de la nue, naguère l'écho du Rhône vint redire aux rives de la Seine, que, tel qu'un tourbillon de vent dissipe la fumée, tel l'avènement de M. le baron de CHARTROUSE à la Mairie d'Arles avait fait disparaître le deuil qui couvrait entièrement notre chère Patrie ! Elle est loin de nous cette idée déchirante de la voir subir le sort de l'ancienne Carthage ! Ses lambeaux, restes précieux des siècles passés, sont soigneusement recueillis par le respectable magistrat que vos cœurs ont appelé à ce banquet de famille, par la plus vive reconnaissance pour ses premiers bienfaits en entrant dans la pénible, mais glorieuse carrière que le premier Prince du Monde lui a indiqué de parcourir !...

Entouré de compatriotes de tous les âges, de citoyens respectables par leurs vertus, leurs talents et le rang distingué qu'ils occupent dans la société, quel que soit ici l'hommage flatteur que nous puissions lui rendre, rien n'égalera les grandes vues qui l'animent pour le bonheur de son pays.

Messieurs, s'il nous reste à déplorer les funestes effets d'une longue et sanglante discorde, remercions la Providence de nous avoir donné un Magistrat dont l'âme élevée s'apprête à cicatriser nos maux, à rendre, s'il est possible, à notre Ville tout l'éclat de sa première grandeur, et à la faire sortir triomphante de la lutte qui existe entre elle et une ville voisine.

Déjà nos compatriotes le réclament, quoiqu'il soit heureusement secondé par le concours d'un Conseil éclairé, et des Adjoints comme lui animés du désir de contribuer à la prospérité de leur Patrie, par leurs efforts, leurs lumières, et en faisant fidèlement observer les lois qui émanent de la sagesse du Monarque que la France admire !

Vous, Magistrat recommandable, dont l'éloquence porta le charme dans tous les cœurs, au sein d'une brillante assemblée, embellie par la présence des dames Arlésiennes, et présidée par le savant et premier Magistrat des Bouches-du-Rhône, en allant satisfaire le vif désir de nos frères, ménagez-nous l'espoir de vous voir long-temps assis sur le siége qu'ont illustré les travaux assidus des consuls dont l'histoire se glorifie de perpétuer la mémoire, par la modération du zèle trop ardent qui vous emporte tout entier vers le bonheur d'un peuple trop long-temps abandonné. Cette bien faible preuve d'estime, M. le Maire, sera, sans doute, pour vous le garant de notre respect. Nous ne formons ici que l'avant-garde d'un peuple qui vous est également dévoué, et, pleins de confiance dans ses premières démonstrations, nous ne craignons pas d'assurer qu'il sera toujours soumis et qu'il ne cessera jamais de vous donner des preuves de son amour et de sa reconnaissance.

M^r. le Maire a répondu :

« Ce n'est qu'en me sacrifiant tout entier au bien-être de » notre Ville natale, que je pourrais me rendre digne de » tout ce que vous me dites de flatteur. »

Il est 5 heures, le service de la Table commence. On éclaire par des lampes astrales les extrémités et le centre de la table; deux autres lampes d'une forme supérieure sont placées à l'intérieur de chaque angle de la table; elles sont dépourvues de leur réflecteur, remplacé par des transparens; sur l'un sont peintes les armoiries de M^r. le Baron; sur l'autre celles de la ville d'Arles. On remarquait aussi, au-dessus du fauteuil de M. le Maire, un tableau représentant les attributs de l'Abondance, l'Agriculture, la Poésie, la Peinture, la Gaîté, la Musique, la Guerre et la Paix !... Cette belle idée et la peinture appartiennent à M. Veran.

M. de Truchet, notre estimable compatriote, à la fois savant agronome, peintre, architecte et troubadour distingué, a donné, dans cette circonstance, à Mʳ. le Maire, une nouvelle preuve de son estime, et à la ville d'Arles, celle de son ardent patriotisme, en consacrant ses momens de loisir à élever, en sucrerie, le beau monument des Arênes, tel qu'on le verra, une fois déblayé. Au-dessus de la porte principale étaient posés deux drapeaux où étaient écrits ces mots, sur l'un, ROMANORUM REFICIT OPUS; sur l'autre, ARELATENSIS ÆDILIS.

Nous regrettons ici de ne pouvoir donner l'analyse de ce travail pénible et délicat où l'ordre et la construction de cet édifice étaient bien observés.

Ici sont arrivés les mets très-variés et abondans, ne différant en rien de la cuisine provençale; les vins rouge Mâcon, de Champagne, muscat de Frontignan et Malaga, ont été servis avec profusion, et chaque convive a bu sec.

Après le premier service, un superbe verre en cristal, artistement travaillé, portant, dans des blasons, les armes de la ville d'Arles et le chiffre de Mʳ. le Maire, a été présenté à ce Magistrat au nom de la Réunion.

Mʳ. le Maire a répondu :

« J'accepte ce cadeau avec plaisir. Il me suivra partout.
» Loin de vous, je dirai comment je l'ai reçu. Son existence
» est bien fragile, mais quel que soit le sort qui en dispose,
» j'en conserverai les morceaux tant que je vivrai. Je vais
» donc y boire pour la première fois, et, en anticipant sur
» le moment de porter les santés, l'étrenner par celle du
» Monarque que nous chérissons, en l'accompagnant d'un
» semblable souhait pour son auguste Famille. »

Cette santé a été portée aux cris de :

VIVE CHARLES X !

VIVE LA FAMILLE ROYALE !

Cette santé, que Mʳ. le Maire a porté avec la plus grande énergie, a été suivie de vifs applaudissemens et par les cris répétés : *Vive le Roi ! Vive son auguste Famille !*

Arrivé au dessert, notre honorable compatriote M^r. le Président et doyen d'âge a porté la santé suivante :

« Messieurs et chers Compatriotes,

« Porté à la présidence de ce Banquet par un privilége assurément plus honorable que désirable, celui de *doyen d'âge*, il est en ce moment dans mes attributions de vous proposer de porter une santé chérie, au-devant de laquelle vos cœurs s'avancent, et que déjà vous avez devinée.

» Cette santé, Messieurs, est celle de notre cher et bien aimé compatriote *le Baron de Chartrouse*, maire d'Arles, dont la présence est ici l'unique objet et le plus bel ornement de notre réunion, qui semble avoir été improvisée par le seul attachement et la commune estime que nous lui portons.

» Il m'est doux de remarquer dans cette réunion un honorable magistrat, siégeant avec distinction à la Cour royale d'Aix (M. *Raibaud*), un vétéran de la gloire française, dont la poitrine, décorée des croix de St.-Louis et de la Légion-d'Honneur, atteste les services et la valeur (M. *Legrand*), un autre brave également décoré, capitaine d'une compagnie de vétérans sédentaires (M. *Brisson*), pl sieurs autres enfans de la gloire et de la fidélité, au milieu desquels j'en distingue un qui a l'honneur de garder de plus près la personne sacrée de notre bon roi (M. *R man*), un jeune avocat à la Cour royale de Paris qui s'est déjà fait un nom recommandable dans la littérature du barreau (M. *Clair*), un artiste fort distingué dans la gravure, et dont la dernière planche sur *les Antiquités de la ville d'Arles* lui a ouvert les portes de l'académie de Marseille (M. *Veran*), un spirituel troubadour dont la fécondité et les travaux lui ont ouvert depuis long-temps les mêmes portes (M. *de Truchet*); enfin d'estimables compatriotes que mon âge et plus de trente ans d'absence de la ville d'Arles m'ôtent l'honneur de les connaître et d'en être connu.

» Levons-nous, Messieurs, et, comme des enfans réunis autour de leur père, portons au maire chéri de la ville d'Arles la santé du respect et de l'affection.

» Vous faire ici son éloge, ce serait, Messieurs, ne rien vous apprendre. Vous êtes tous Arlésiens, et personne mieux que vous peut connaître et apprécier ses talens et ses moyens, si ce n'est le gouvernement qui nous l'a donné pour maire.

» Bornons-nous donc ici à lui donner l'assurance qu'il n'est pas plus estimé ni mieux aimé de ses administrés à Arles, que ce qu'il l'est de tous les Arlésiens qui sont à Paris, et particulièrement de ceux qui sont ici présens.

» Vive, vive le Maire d'Arles. »

M. le Maire a exprimé à l'assemblée la reconnaissance dont il était pénétré, et l'assurance du dévoûment sans bornes qu'il a voué à sa ville natale et à tous ses concitoyens.

M^r. Fouque, ayant demandé la parole, prononce un discours en vers, sur ces mots : DIEU PROTÉGE LA FRANCE ! La chaleur que l'on rencontre dans les grandes idées de cette éloquente production, nous prescrit le silence sur l'accueil qu'elle obtint dans cette Réunion, où l'on remarquait des personnes d'un mérite distingué dans la littérature; mais nous nous fesons un véritable plaisir de la consigner dans ce procès-verbal, espérant que nos lecteurs nos sauront gré de cette communication, et qu'ils encourageront, par leurs applaudissemens, la Muse féconde et pieuse de notre estimable compatriote.

DIEU PROTÈGE LA FRANCE !

Dans un premier essai, ma Muse jeune encore,
Interprète du Ciel, organe de Pandore,
Dans son enthousiasme, osa, de l'avenir
Qu'une main régicide, ô affreux souvenir !
Avait ensanglanté, détruire le prestige,
Et du lis presque mort, incliné sur sa tige,
Ressusciter l'espoir, en montrant un bouton
De la tige mourante immortel rejeton.
Aujourd'hui plus sensée, et partant moins hardie,
De Clio quelquefois invoquant le génie,
Elle veut, préludant des airs moins solennels,
Apprendre que les rois sont en France immortels,
Qu'ils sont pour leurs sujets une autre Providence,
Et que par eux toujours *Dieu protège la France.*

Le trône de Clovis ne périra jamais !
C'est un décret du Ciel : vous souvient-il, Français,
De ce jour de triomphe, où l'écho de Lutèce
Fit entendre à vos cœurs, inondés de tristesse,
Ces mots si consolans : « Miracle ! un Prince est né !
» Gloire à Dieu protecteur ! salut à Dieudonné !... »
Quelques heures plutôt, la Patrie affligée,
Des Bourbons expirans plaignait la destinée,
Quelques heures plutôt, le Monarque à genoux
Priait le roi des rois d'apaiser son courroux ;
Et vous, désespérés, plongés dans les alarmes,
Vous murmuriez, ingrats ; vos impuissantes larmes
De l'Éternel peut-être accusaient la bonté ;
Si Dieu vous éprouva, vous l'aviez mérité ;
Voulez-vous pour toujours obtenir sa clémence,
Attirer des bienfaits sur notre belle France,

Imitez le Monarque, et priez comme lui;
De la Religion faites-vous un appui,
Avec cette égide, ah! Dieu même l'assure,
Ses faveurs sont pour nous une conquête sûre.
Jeune Enfant, notre amour, l'espoir de nos neveux,
Croîs à l'ombre des lis, croîs pour combler nos vœux.
Écoute la Patrie : « O Prince, te dit-elle,
» De toi naîtra de rois une race nouvelle,
» Qui se perpétuant pour les temps à venir,
» De règnes glorieux laissant le souvenir,
» Feront fleurir les arts, la paix et l'abondance,
» Et l'*immortalité* sera leur récompense
» Dans les cieux, dans l'histoire et dans les cœurs français,
» Comme saints, comme rois, ils vivront à jamais.
» Pour remplir, noble Enfant, ta haute destinée,
» A toutes les vertus ton âme façonnée
» Doit encore imiter un modèle bien beau,
» Mais il faut le chercher hélas! dans... le tombeau.»

La vertu fut toujours de nos rois l'apanage,
Images de Dieu même, on les vit d'âge en âge
Joindre à la piété la valeur des héros,
Chez les peuples voisins rétablir le repos,
De la Religion protéger les ministres,
Écarter de l'Autel les présages sinistres,
Défendre l'opprimé, pardonner aux erreurs,
Et du peuple surtout amis et protecteurs,
Secourir l'indigent et consoler la veuve;
De ces grandes vertus, pour avoir une preuve
Irai-je, déroulant l'histoire de ces rois,
Commenter leurs hauts faits, interroger leurs lois,
Non, non, citer Henri, Louis, Charle à la France,
Des rois guerriers, pieux, c'est prouver la puissance.
Oui, si parfois le Ciel prêt à venger sur nous
Son saint nom offensé, suspendit son courroux;
Les vertus de nos rois, leurs larmes, leur prière,
Du Dieu juste irrité désarmaient la colère,

Vous surtout, ô Bourbons! monarques vertueux,
Tant que vous régnerez, soumis, respectueux,
Vos sujets secourus par le Dieu de la France,
De vos fiers ennemis briseront la puissance;
Mais vos droits, vos vertus vous rendant immortels,
Vous régnerez toujours adorés des mortels.
Ici, quel importun m'ordonne de me taire?
D'où partent ces accens? « Arrête, téméraire, »
Me crie un insensé, prétendu partisan
De ce fameux héros qui, chrétien, musulman,
Brave par vanité, lâche par fantaisie,
Réduisit aux abois notre chère patrie;
« Arrête, prouve-moi que je suis dans l'erreur,
» Ou sinon je te tiens pour félon, pour menteur :
» Alors que l'étranger parut sur nos montagnes,
» Fondit sur nos cités, désola nos campagnes,
» Que la foudre des camps portait partout la mort,
» Qui prit alors pitié de notre horrible sort?
» Ce grand Dieu si clément, de la France guerrière
» N'a-t-il pas arraché la brillante bannière,
» Pour la livrer, ô honte! à l'ennemi vainqueur?
» Parle, que réponds-tu? — Que tu me fais horreur!
» Ou ta raison s'égare, ou bien ton insolence
» Ne devrait espérer qu'un dédaigneux silence;
» Quoi! médire de Dieu!... quel langage pervers!
» Puissé-je à la raison t'amener par mes vers! »

Le Trône était en deuil; la horde régicide,
A ce noir attentat joignit le déicide,
Provoqué tant de fois, justement irrité,
Le Ciel punit ce crime et son énormité
Par de longues douleurs : un despote, à la France,
De son joug odieux imposa la puissance.
Fier de quelques succès, son aigle audacieux
Déjà sur l'univers planant du haut des cieux,
Dans son orgueil voulait envahir tout le monde;
La victoire long-temps le soutient, le seconde,

Elle semble forcée à suivre ses drapeaux
Et nous couvrir de gloire en nous comblant de maux.
Quel contraste! est-il vrai? l'histoire peut le dire,
Ma muse s'effarouche en parlant de l'empire,
C'était celui du sang.... Mais du fier parvenu
Le moment de la chute était enfin venu....
Louis priait pour nous sur la rive étrangère,
Et le Ciel apaisé nous envoyait un père.
Suivi des rois unis pour la cause des rois,
Il marchait à leur tête, ayant en mains les lois
Que dans son infortune, ô sublime vengeance!
Son cœur lui suggéra pour la paix de la France.

« Aux armes, aux combats. » Ce cri, de toutes parts,
Réveille les guerriers, les bataillons épars
Du despote effrayé; bientôt ivres de gloire,
Disposés à la mort, s'ils n'ont pas la victoire
Ils volent au combat : dans l'un et l'autre camp
Déjà l'on voit couler de noirs ruisseaux de sang.
Tout-à-coup nos soldats s'arrêtent en silence,...
L'aigle s'abat aux pieds du vainqueur qui s'avance,...
La bannière des lis vient de frapper les yeux,
Comme une vision qui descendait des cieux.
Telle, au camp des chrétiens, jadis en Palestine,
Apparut dans les airs du Christ la croix divine,
Ranima leur courage, et l'étendard sacré
Parut bientôt flottant sur la sainte cité.
Ici par la défaite, alors par la victoire
Des Français, des chrétiens Dieu rehausse la gloire,
A côté du revers il place le bienfait,
Si le *Désiré* meurt, le *Bien-Aimé* paraît ;
Et sa protection de tout temps immuable,
Même en nous punissant se montre favorable....
Encore quelques jours et CHARLES, notre Roi,
Plein de l'esprit de Dieu, va jurer sur sa loi,
De défendre l'Autel, le Trône, la Patrie
Et même tous nos droits, au péril de sa vie.

Accorde-lui, Seigneur, des jours longs, glorieux,
Tes enfans sont les siens, daigne accueillir leurs vœux;
Ils jurent à tes pieds amour, reconnaissance,
En protégeant le Roi, tu protéges la France.

Des applaudissemens prolongés ont accompagné cette lecture, et M^r. le Maire, en accordant de justes éloges à M^r. Fouque, l'a aussi félicité sur les succès qu'il venait d'obtenir à la Faculté de Droit de Paris.

M^r. de Truchet a porté une santé à l'honorable famille de M^r. le Maire, et s'est ainsi exprimé :

« La santé que j'ai l'honneur de vous proposer est celle de la
» famille de M. le Maire, en la personne de Madame la Baronne
» de Chartrouse, son épouse; de Mlle. sa fille; de MM. ses fils,
» ici présens. Puisse le bonheur le plus parfait être toujours son
» partage ! Puissent toutes les prospérités ne cesser de l'accom-
» pagner, soit dans notre chère Patrie, où elle comblerait les
» vœux des Arlésiens; soit dans cette Capitale, où des distinc-
» tions flatteuses et des récompenses honorables viennent sou-
» vent l'illustrer.

» Pour cette santé chérie, je n'en doute pas, vous mettrez
» tout l'enthousiasme qui vous caractérise : mais que dis-je, en
» proposant la santé de la famille de M. le Maire, ne vous ai-je
» pas parlé, en quelque sorte, d'une chose qui vous est person-
» nelle ? oui, aux soins empressés que M. le Baron se donne
» pour ses administrés, chaque Arlésien, quel qu'il soit, se
» trouve naturellement être l'un de ses enfans, et c'est votre
» cœur qui va répondre par reconnaissance. »

Cette santé terminée, notre estimable et gai Troubadour a chanté les couplets suivans :

Air : *J'augmente encor mon héritage*

Dedin la saisoun proumiérenque
D'oou Printemps què charme lou cor,
Ici, la famye Arlatenque,
S'es réunide ém'é transport !

Noste pichoune Coulounye,
Oou mitant d'oou bru de Paris,
Trobe lou bonhur de famye
Coume en istent dins lou pays.

Sabian proun quoou nous attirave,
Quand sentissian l'empressamen
Qu'ére aqui què nous pounchounave
Per qu'arribessian à dè ren.
Avian l'espoir qu'un MAIRE affablè,
Plen d'esprit, de zèle, d'ardour,
Vouguessè ben, d'un air imablè,
Ici sè rendrè à noste amour.

Aven vougu qu'en sa présènce
Paréguesse un échantiyoun
D'amour et dè rècounissènce,
Qu'aven dedin l'ooucasioun.
Maï d'Arlè sian qu'une escouade :
Sian trop paou per ben exprima
Coume noste Ville es pourtade
Per eou què soou sè faïre ama.

Quand tout en Arlè nous atteste
L'ancienne et célébre grandour :
Quand chascun admire lou reste
D'une magnifique splandour !
Magistra d'un pays illustrè,
Un savent, plen d'activita,
Ven per yé rendrè tout lou lustrè
Dè sa brillante antiquita.

Counsacre seis souins et seis pènes
Ém'è un zèle què n'es pas vain,
Per descubri nosteis *Arènes*,
Aqueou beou mounument romain !

Tamben oou templè dè mémoire
Soourra transmettre soun rènoum ;
Déjà lou burin de l'Histoire
Sus la parè grave soun noum.

Maï, s'es flattouse, puisqu'agrade,
L'Histoire què deou nous vanta,
Proun souven n'es qu'une fumade
Ben maïgre per sè ben pourta.
Amè ben miés, quand es en vide,
Rendrè un hooumagè mèrita
Oou MAIRE qu'ici nous prèside,
En proun buven à sa santa.

Applaudissemens prolongés, à la suite desquels M*. Raibaud, fils, Conseiller à la Cour royale d'Aix, a porté le toast suivant :

« Monsieur le Maire,

» Qu'il me soit permis aussi de porter un toast pour
» M*. Bourret, notre doyen d'âge, et M*. de Truchet ;
» je suis bien aise, en m'unissant à eux, de leur prouver,
» dans cette circonstance, que, quoique moins ancien, je
» porte aussi beaucoup d'intérêt à notre commune patrie. »

Nouveaux applaudissemens, après lesquels M. le Président a remercié l'honorable membre.

M. Beuf s'est levé et a dit : « Messieurs, la santé que je me proposais vient d'être portée. Buvons donc à celle de nous
» tous, afin de nous réunir pour prier M. de Truchet, de
» vouloir bien nous donner lecture de son charmant Vaude-
» ville provençal. » — Il a adhéré à notre demande, et nous l'avons remercié par des applaudissemens mérités.

M*. le Maire a ensuite porté une santé au bonheur général de la ville d'Arles. Cette santé a été couverte par des applaudissemens et de nouveaux cris de *Vive le Maire d'Arles !*

M. Garcin ayant fait rétablir le silence, a chanté les couplets ci-après :

Air : *Du Solitaire.*

1 Sous le joug assoupie,
  Quand Arles gémissait,
  Les arts et l'industrie,
  Tout y dépérissait ;
  Mais quel Dieu tutélaire,
  Par d'habiles ressorts
  Rend des bras à la terre,
  Des vaisseaux à nos Ports !
    C'est notre bon Maire,
    Dont nos cœurs, à jamais,
    Béniront les bienfaits !   } *Refrain pour chaque couplet.*

2 Quel ami du commerce
  L'appelle dans nos murs,
  Et pour l'attirer perce
  Des chemins prompts et sûrs ?
  Déblayant nos Arènes,
  Quel ami des Beaux-Arts !
  Par ces beautés romaines
  Va charmer nos regards !

3 Nos champs sont plus fertiles,
  Nos troupeaux mieux nourris,
  Tous nos jours sont utiles,
  Paisibles sont nos nuits !
  Aussi c'est un délire,
  Et l'écho d'alentour
  Ne fait plus que redire
  Ce gai refrain d'amour !

4 Quand pour nous il oublie
  Jusques à son bonheur,
  Une épouse chérie
  Doit manquer à son cœur :
  Que sa douce présence
  Vienne embellir nos jeux,
  Animer notre danse,
  Elle entendra nos vœux, *(Pour)*

Applaudissemens, et M^r. le Maire a dit :

« M^r. Garcin, ma satisfaction égale peut-être les senti-
» mens qui ont inspiré votre Muse ; j'exige de vous, pour
» être transmise à Madame LAUGIER, copie de vos charmans
» couplets. »

M^r. Garcin a répondu : M^r. le Maire, je cède à votre désir ; je me ferai un devoir de mettre sous les yeux de Madame la BARONNE de CHARTROUSE, copie de cette faible production : si elle se ressent de mes légères études, elle exprime du moins des sentimens qui lui seront agréables. Puisse-t-elle en garder le souvenir et conserver long-temps près de son cœur l'objet qui m'en a suggéré la pensée.

MM. Roux aîné, et David fils, ont soutenu la gaîté de la Réunion et ont chanté le *Duo* de Marton et Frontin dans *Ma tante Aurore*, qui a été bien rendu.

M^r. Carrié, sergent-major dans la garde royale, a cru devoir renouveler la santé déjà portée par M^r. le Maire, et au nom de ses compagnons d'armes, présens à la Réunion, en disant :

« Au plus aimé des Monarques : au ROI CHARLES X !
» à l'auguste Famille Royale, que nous jurons de défendre
» avec honneur. »

Applaudissemens prolongés, cris de *vive le Roi, vive son auguste Famille !*

On sert le café ; à la liqueur, une santé est portée aux Dames Arlésiennes ; à MM^{rs}. les Membres du Conseil ; à MM^{rs}. les Adjoints à la Mairie ; aux Habitans d'Arles, et aux Arlésiens à Paris.

La gaîté, la décence et l'amitié ont régné pendant tout le repas, qui s'est prolongé jusqu'à dix heures.

Ainsi s'est terminée une Réunion qui doit nécessairement faire époque parmi les preuves d'amour que les Arlésiens ont toujours donné à leurs Magistrats.

De tout quoi, avant de nous retirer, nous avons délibéré et chargé notre compatriote Garcin, de dresser procès-verbal de notre Réunion pour être livré à l'impression, et en adresser des exemplaires au Conseil de la ville d'Arles.

Fait, clos et signé à Paris, le 25 mai 1825.

Par délégation de MM^{rs}. les Membres composant la Réunion-Arlésienne,

GARCIN.

INPRIMERIE MOREAU, RUE MONTMARTRE, N°. 39.

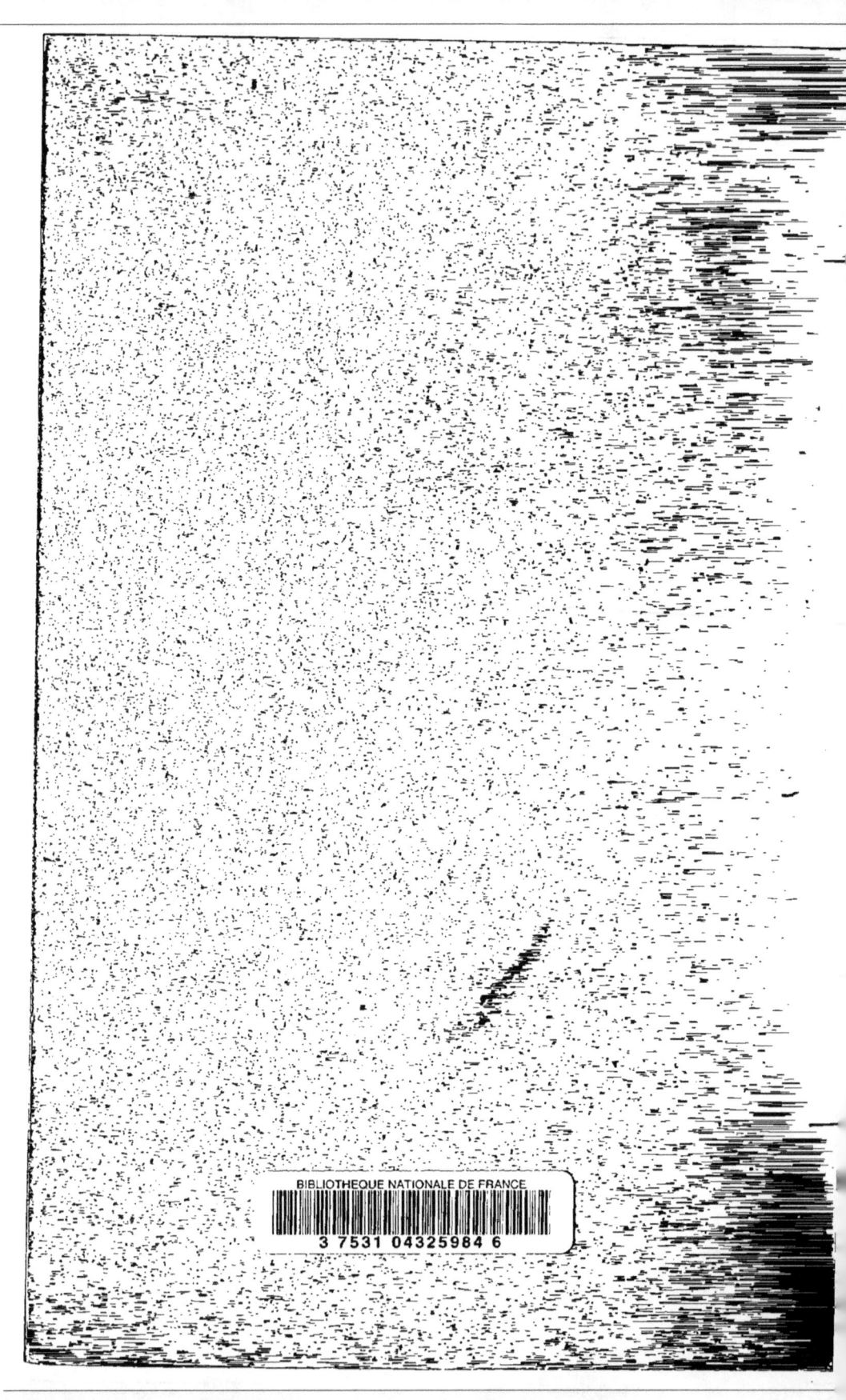

www.ingramcontent.com/pod-product-compliance
Lightning Source LLC
Chambersburg PA
CBHW070500080426
42451CB00025B/2950